아기 고슴도치의 깨달음

가슴을 열어주는 힐링 그림책

아기 고슴도치의 깨달음

글·그림 | 형지 김재윤

참글세상

● 머리말

새벽 아침,
희미한 안개 사이로 햇살이 눈부시다.
날마다 맞이하는 이 눈부심이 오늘 따라 새롭다.
수많은 시간, 수많은 세월 동안 이 햇살을 얼마나 만끽했던가?
이 눈부심을 찬탄했던가?
늘 가까운 거리에, 당연하게 느껴온 모든 것들이 하나같이 새삼스럽게 느껴진다.
숨 쉬는 것부터 눈을 깜박이는 것,
손가락 하나까지 모든 것들이 경이롭고 신비하기만 하다.
살아있음, 살아있음……. 이 오랜 되풀이와 반복을 통해 무엇을 위해 살아있는지,
매일같이 눈을 뜨고 눈을 감고 많은 시간을 분주히 돌아다니지만, 과연 이 삶의 목적이 무엇인지 생각하면 할수록 그리 뾰족한 정답을 찾을 수 없다.
다만, 보다 정직해져야겠다는 의지를 가져본다.

　보다 솔직해져야겠다는 다짐을 갖는다.
　진실하고 분명한 이 삶의 무게를 가슴으로 떠안으며 내 안의 진실과 합일해야 한다는 숙명을 받아들인다.
　몸부림치는 세월, 수많은 시행착오 끝에 내린 결론, 그것은 깨달음이다.
　아주 쉬운 깨달음, 누구나 가지고 있고 모두가 실천할 수 있는 깨달음,
　바로 지금 이 자리에서 행복하기,
　다음 다음이 아닌 바로 여기 이 순간에서 깨닫기,
　그것만이 살아있음이다.
　축복하자.
　적어도 누군가를 미워하거나 원망할 시간을 단 1분 동안 줄이기 위해서라도
　축복하자.
　그 순간만은 우리 내면의 에너지가 살아있는 순간이니까,
　그 순간만은 우리가 바로 깨달음을 실천하는 순간이니

까…….

  깨달음이 어려운 것이 아니라 깨달음을 실천하는 것이 어렵다.

  더 이상 깨달으려 하지 말고 잠시만이라도 깨달음을 꺼내 쓰자.

  사랑하고 고마워하고 감사하는 순간,

  즉각 해탈이다. 1분 해탈이다.

  24시간 부처가 되려 하기보다 단 1분만이라도 좋으니 1분 부처가 되자.

  전 인생이 깨달음으로 변해 완전한 부처가 되는 것도 좋으나 다만, 1분이라도 욕망을 멈추고 기뻐하고 감사하고 누군가를 축복할 수 있다면 우린 작은 부처가 될 수 있을 것이다.

  완전 부처가 되려는 것도 욕망이니 작은 부처부터 시작하자.

  지금 이 순간부터 시작이다.

무엇이든 감사하고 모든 이를 축복하고 일체가 서로 함께 어우러져 있음을 기뻐하며 내가 아닌 우리라는 큰 깨달음으로 하루를 살아가자.
그것만이 살아있음이다. 뜨겁게 숨 쉬는 이유이다.
새벽 아침, 모든 안개가 걷히고 눈부신 햇살만이 가득하다.
그대와 마주할 수 있는 오늘이 있기에 가슴이 벅차오른다.
나는 지금 행복하다.

그 동안 써 놓았던 글들 16편을 모아 책으로 만들었습니다. 어느 때보다 그림도 많고 정성을 가득 들였습니다. 몇 달 동안 정성을 들여 글을 완성하고서 다시 더 몇 달 동안 끙끙대며 글에 맞는 그림까지 그려보았습니다. 세상에 태어나서 이렇게 집중적으로 그림을 그려본 적은 처음입니다. 먼저 그려놓은 그림을 나중에 보니 너무 엉성해서 뒤늦게 다시 그려보기도 했습니다.
딱딱한 글만 보는 것보다 함께 그림이 어우러져서 쉽게

 읽혀지고, 더 많은 감동을 받을 수 있기를 기원하며 책을 만들었습니다.

 여러분이 읽는 한 줄의 글은 길과 같습니다. 저는 글을 통하여 세상에 없는 길을 만들었고 그 길을 이미 수십 번 지나갔습니다. 제가 만들어 놓은 수많은 길을 따라 걸으며 독자 여러분들께서 진정 편안하고 가슴으로 미소 지을 수 있다면 좋겠습니다.

 그동안 글을 쓰기 위하여 준비해 주신 수많은 인연들과 언제나 밝은 빛으로 이끌어주시는 온 우주의 스승님들께 감사의 인사를 올립니다.

2012. 12. 10 눈부신 아침,
형지 김재윤

 차례

머리말 _ 5

|제1장| 생각을 바꾸면 운명도 바뀝니다
- 아기 고슴도치의 깨달음 _ 15
- 뱀은 우는 사람을 배려하지 않아요 _ 26
- 어느 비행사의 최후 _ 40
- 딱 한 번만 흔들리는 나무 _ 52
- 진급발표 후에 일어난 일 _ 62
- 당신보다 나쁜 사람 _ 75
- 별이 되고 싶은 아이에게 _ 84

| 제2장 | 사랑보다 더 큰 힘은 없습니다

- 할아버지의 눈물 _ 103
- 히말라야의 아버지 _ 112
- 내 아들이 너를 사랑하니까 _ 123
- 여보 마누라, 당신을 사랑해 _ 138
- 며느리의 문자 _ 152

| 제3장 | 마음으로 떠나는 여행

- 좁쌀, 좁쌀 하지 말라 _ 165
- 100세 노인이 가르쳐 준 것 _ 176
- 비에 젖지 않는 법 _ 187
- 나는 그걸 알아 _ 196

제 1 장
생각을 바꾸면 운명도 바뀝니다

아기 고슴도치의 깨달음

새끼 고슴도치가 어느 날 엉엉 울면서 집으로 들어왔습니다. 마침 저녁 준비를 하고 있던 엄마 고슴도치가 깜짝 놀라 우는 아이를 달래주었습니다.
"엄마, 다른 애들이 나를 막 놀려! 내 가시가 자기들을 찌른다며 나하곤 이제 안 논대……."

그렇게 말하면서 새끼 고슴도치는 엄마 품에 안겨 서럽게 우는 것이었습니다. 엄마 고슴도치는 자신의 어린 시절이 생각나 가슴이 아팠습니다. 자신도 똑같은 사연이 있었기 때문입니다.

집 밖을 나가면 아무도 자신과 함께하려 하지 않았고 잠시도 곁에 머물지 못하게 하였습니다. 심지어 누군가는 돌을 던지기까지 하여 크게 다친 적도 여러 번 있었습니다. 그때마다 어린 고슴도치는 눈물을 흘린 채 집으로 돌아왔고 어머니의 따듯한 품속에서 겨우 안정을 찾을 수 있었습니다. 엄마 고슴도치는 그때를 생각하며 아들에게 말했습니다.

"얘야, 사랑하는 내 아들아. 마음껏 울어라. 네가 울고 싶은 만큼 최선을 다해 울어라."

그때였습니다. 흐느껴 울던 새끼 고슴도치가 갑자기 울음을 그치고선 의아한 얼굴로 엄마 고슴도치를 바라보았습니다.

"엄마, 왜 나보고 울라고 해? 다른 때는 항상 울지 마라, 울지 마라 해놓고선 왜 오늘은 마음껏 울라고 하는 거야?"

"이제 너도 점점 어른이 돼 가고 있지 않니? 그만큼 성숙해졌기 때문에 네가 하고 싶은 대로 하라는 거야."

"……"

"이제 너는 네 스스로 알아서 판단하고 행동해야 한단다. 울고 싶을 땐 울고, 웃고 싶을 땐 웃고, 어느 때든지 네가 하고 싶은 대로 해라. 하지만 결코 나중에 후회할 일은 하지 말아라. 울고 싶을 때 울지 못하고, 웃고 싶을 때 웃지 못하는 그런 삶은 살지 말거라."

"네, 엄마."

"그리고 한 가지 더 알아둘 것이 있다. 눈물로 해결할 수 없는 일을 붙잡고 눈물을 흘리는 것은 계속해서 자신을 어린아이로 만드는 거야. 눈물을 흘려서 해결할 수 있다면 네 온몸의 물이 눈물로 다 나올 때까지 울어라. 하지만 그렇지 않다면 애써 자신을 힘들게 하지 말아야 해."

"……."

"네 몸의 가시는 엄마의 선물이란다. 그리고 엄마 몸의 가시는 할머니의 선물이고, 우린 이렇게 대대로 선물을 받고 태어난단다. 이 가시가 누군가를 찌르면 고통을 주는 것이지만, 우리가 조심하면서 잘 살피면 오히려 우리에게 커다란 기쁨을 주는 것이란다. 평생 누군가를 배려하며 살아가는 삶을 살 수 있도록 선택받은 것이니 얼마나 놀라운 축복이겠니. 날카로운 가시 덕분에 우린 더욱 성숙한 삶을 살 수 있게 된 거야. 다른 이들은 비록 우리처럼 가시로 찌르는 일이야 없겠지만, 그들이 우리보다 더 예리한 가시로 다른 이들을 찌르는 것을 수없이 보아왔단다."

"엄마, 그게 뭐야?"

"가시에 찔리는 것은 아주 짧은 순간만 아프지만, 더 아픈 가시는 말로 찌르는 것이야. 상대방을 배려하지 않는 그들은 함부로 말을 하여 상처를 주고, 결국 그 아픔 때문에 평생 힘들게 사는 이들도 많단다."

"네……."

"지금 너 역시도 다른 아이들이 던진 말 때문에 상처를 입고 엉엉 울고 들어온 거잖니?"

"네, 맞아요."

"그러니, 결코 너는 누군가에게 상처 주는 말, 거친 행동을 하지 말아라. 항상 누군가를 배려하면서 편안한 말, 따듯한 말만 해야 해."

"네, 엄마."

"그리고 한 가지, 제일 중요한 것을 빠트릴 뻔했구나. 다른 이들이 싫어하는 건 네 몸에 있는 가시지, 너 자신이 아니란다. 그러니 더 큰 용기를 갖거라. 너 자신이 네 몸에 난 가시 때문에 스스로 상처받고 용기를 잃게 되면 스스로 자신을 찌르는 어리석은 삶을 살게 될 테니까. 그것이 세상에서 가장 괴로운 고통이란다. 알겠니?"

"네, 엄마, 고마워요. 이제 안 울게요. 스스로 자신을 찌르지 않을게요. 이 멋진 가시를 감사할게요. 저에게 살아가는 동안 겸손과 배려를 가르쳐준 놀라운 스승이네요."

"맞다, 맞아. 참 똑똑하네. 우리 착한 아들……."

엄마 고슴도치와 새끼 고슴도치는 행복한 웃음을 지으며 오래도록 즐거운 이야기를 나누었습니다. 서로의 체온을 받아들이며 사랑하고 함께 미소 지었습니다.

행복한 고슴도치 이야기입니다. 태어날 때부터 가지고 나온 가시로 인해 어린 고슴도치는 주변의 아이들로부터 놀림을 받고선 그만 왕따를 당하고 맙니다. 서럽게 울고 들어온 아이에게, 엄마 고슴도치는 진정으로 아이를 위로하면서 그 가시야말로 최고의 선물이라는 것을 일깨워 줍니다.
　가시가 있었기에 더욱 자신을 조심하고 평생 다른 이를 배려할 수 있는 놀라운 축복을 받았다는 것이지요. 엄마 고슴도치의 가르침 덕분에 새끼 고슴도치는 비로소 커다란 희망과 기쁨을 성취하게 됩니다.
　이렇게 부정을 긍정으로 승화시킬 수 있고, 고난을 희망으로 변화시킬 수 있는 삶이라면 얼마나 멋진 삶일까요? 누구에게나 내면 깊숙이 다른 이들에게 보이기 싫어하는 아픈 가시가 있겠지만, 그 가시를 극복하며 사는 삶이야말로 진정 최고의 삶이 되지 않을까요?

나에겐 가시가 있어.
이 가시에 찔리면
누구나 아프다 하지.

내 몸엔 온통 가시뿐이야.
두 눈만 빼고서
온통 가시뿐이지.

생긴 것도 이상하고
함께 있으면
가시에 찔릴까봐
아무도 곁에 없지.

오랜 시간
이렇게 살았어.
그리고
평생
또 이렇게 살아야 해.

하지만
모습만 그래.

내 가시가 당신에게
상처 줄까봐
얼마나 신경 쓰는지 몰라.

그 조심함이 지나쳐
얼마나
나를 찌르는데…….

마음 같아선
이 가시를 다 뽑아내고도
싶지만
그러면 내가 죽어.

평생 당신을 배려하고
조심하면서 살게.

그러니
나를 믿어.

겉모습이 번지르르하고
속에 가시가 있는 것보다
겉에 가시가 있지만
이렇게 속 편한 것이 좋잖아?

내가 노력할게.
내 몸에 솟은 가시보다
더 많이 노력할게.

사랑해.

그리고 또 사랑해…….

뱀은 우는 사람을 배려하지 않아요

온 가족이 함께 캠핑을 다녀오는 길이었습니다. 모두가 오랜만에 즐겨보는 가족여행이라 너무나 설레고 기쁜 시간들이었습니다.

그런데 2차선 국도 길로 접어들 무렵이었습니다. 지나가

는 차량이 한산하고 속도도 그리 빠르지 않았습니다. 온 가족의 행복한 웃음소리가 창문 밖으로 흘러나오는 순간, 갑자기 마주오던 차량이 중앙선을 넘어 뛰어 들어왔습니다. 어떻게 손쓸 틈도 없이 가족의 차량은 형체를 알아볼 수 없

을 정도로 파손된 채 엄마 아빠는 그 자리에서 죽음을 맞이하였고 가까스로 초등학교에 다니는 두 남매만 살아남았습니다.

　그렇게 세월이 흘렀습니다. 늘 엄마 아빠 생각으로 가슴 한 켠이 서늘해지던 두 남매에게 어느 날 우연히 아빠의 책상서랍에서 휴대전화가 발견되었습니다.
　떨리는 마음으로 휴대전화를 켜자 천천히 불이 들어왔습니다. 가족들이 환하게 웃는 모습이 휴대전화의 화면에 가득했습니다.
　남매는 휴대전화의 여기저기를 살펴보았습니다. 잊었던 엄마 아빠의 체온이 다시 느껴졌습니다.
　떨리는 마음으로 동영상을 눌러보았더니 사고가 나기 직전, 마지막 여행지에서 온 가족이 즐겁게 웃고 있는 장면들이 펼쳐졌습니다.
　아빠가 찍은 동영상이었습니다.
　갑자기 눈시울이 뜨거워졌습니다.

뱀은 우는 사람을 배려하지 않아요

아들이 소리쳤습니다.

"아빠 엄마, 나 지금 정말 행복해."

"그치? 아빠도 정말 행복해."

"엄마도 행복해."

그러자 막내도 덩달아서 소리쳤습니다.

"나도 행복해요."

그리곤 온 가족이 풀밭에서 뒹굴며 서로를 껴안았습니다. 햇살은 눈부셨고 참으로 행복한 순간들이었습니다.

그때 아들이 소스라치게 아빠에게 소리쳤습니다.

"아빠, 뱀! 뱀이에요."

그러자 온 가족이 벌떡 자리에서 일어났고 엄마와 막내는 비명을 질렀습니다.

아빠는 침착하게 모두를 진정시키고 주변을 살펴보았습니다. 다행히 기다란 나무막대가 눈에 띄었고, 그 막대기로 천천히 뱀을 들어 올렸습니다.

숨을 죽인 채 아빠는 숲을 향해 걸어 들어가 멀리 뱀을 내던지고는 가족 품으로 돌아왔습니다.

엄마는 아빠를 힘껏 포옹하였습니다.

"와! 아빠, 정말 멋져요."

가족이 모두 안도의 숨을 쉬며 아빠에게 안겼습니다.

뱀은 우는 사람을 배려하지 않아요

그때 아빠는 아들에게 말했습니다.

"아들아, 세상을 살다보면 언제나 이처럼 우리가 예상하지 않았던 일들이 찾아온단다. 하지만 그때마다

우리가 원하는 운명을 선택하는 것이 아니라 그 운명을 대하는 태도를 선택할 수 있는 것이지.

아빠는 인생을 살면서 한 가지 배운 것이 있단다. 착한 손님과 나쁜 손님을 고를 수는 없어도 그 손님을 대하는 태도는 내 자신이 선택할 수 있다는 거야."

"……."

"자, 보렴. 방금 나타났던 뱀은 우리가 초대한 적이 없는데도 나타났잖니? 뱀을 보고 놀라고선 울고불고 소리친들 뱀이 달아나겠니?"

"아뇨, 뱀은 우는 사람을 배려하지 않아요."

"그렇지, 뱀을 발견한 후 그 다음 상황은 우리가 선택한단다. 놀라서 울기만 하다 뱀에게 물리거나 아니면 얼른 다른 곳으로 달아나거나, 그것이 아니면 적극적으로 그 뱀을 집어 던져버리는 것이지.

너 같으면 어떤 선택을 하겠니?"

"그야 물론 아빠처럼 멋지게 뱀을 던져버리고 싶지만, 아무래도 지금은 무서워서 멀리 달아나고 싶어요."

"그래 어떤 선택이든 엉엉 울면서 가만히 자신을 희생시키는 것보다는 훨씬 좋은 선택이다. 이처럼 아들아, **앞으로 사는 동안 아무리 심각한 손님이 찾아온다 하더라도 언제나 침착하게 태도를 바르게 하여 그 손님을 맞이하여라. 손님을 원망하거나 불평하지 말고 네 할 일만 묵묵히 하면 된다. 알겠지?"**

"네, 아빠!"

온 가족이 한꺼번에 서로를 껴안고서 다시 한 번 숲 속을 뒹굴었습니다. 가족들의 웃음소리가 한없이 허공 속으로 울려 퍼졌습니다. 햇살이 눈부시게 비추고 있었습니다.

남매는 동영상을 함께 보면서 눈물을 흘렸습니다. 그리곤 전에 없던 용기가 가슴 속 깊은 곳에서 생겨났습니다.

"아빠가 한 말 기억나지?"

"으응……."

"아무리 불행한 일이 생겨도 그걸 원망하거나 슬퍼하기보다 잘 받아들이면 된다고 하셨어. 아빠가 우리에게 원한 것은 슬퍼하고 좌절하는 모습이 아닐 거야. 우린 하나도 불행하지 않아. 왜냐하면 소중한 추억과 엄마 아빠의 사랑이 우릴 지켜주실 테니까, 우리가 그렇다면 반드시 그럴 것이니까……."

흘러내리던 남매의 눈물은 멈추고 비로소 얼굴에 환한 미소가 그려졌습니다.

눈부신 햇살이 방안에 가득하고 남매의 가슴 속에 진한 장미 향기가 피어올랐습니다.

뱀은 우는 사람을 배려하지 않아요

맞습니다. 아무리 어이없고 심각한 상황이 생긴다 해도 그 상황을 받아들이는 사람의 마음에 따라 상황은 더욱 악순환이 될 수 있고 아니면 아주 쉽게 해결될 수도 있습니다.

어린 남매에게 부모님을 잃어버리는 큰 불행이 찾아왔지만, 남매는 아버지가 남겨준 휴대전화 동영상 속에서 마침내 커다란 깨우침을 갖게 됩니다.

살면서 좋은 일, 불행한 일을 선택할 수 없지만 그 상황을 받아들이는 자세는 스스로 선택할 수 있다는 것이지요. 어린 남매에게 커다란 용기의 박수를 쳐줍니다.

울어야 한다면
울겠습니다.

절망해야 한다면
절망하겠습니다.

하지만
울고 절망해야 할 일이 아니라면
더 이상

울지도 절망도 하지 않겠습니다.

세상은 파도처럼
끊임없이 물결칩니다.

아무런 약속 없이
운명의 문을 두드립니다.

그 순간마다
울고 웃습니다.

이 얼마나 안타까운 삶인지…….
더 이상 운명에게 이끌리지 않겠습니다.

어떠한 슬픔에도 절망하지 않고
어떠한 행운에도 기뻐하지 않겠습니다.

모든 행운과 절망은 내가 선택합니다.
손님은 찾아오지만
보내고 맞이하는 것은 내가 합니다.

그것만이 진정한 행복입니다.

비행기 조종사가 있었습니다. 지상에 있다가 창공을 날 때쯤이면 마치 자신이 새가 된 것처럼 너무나 기쁘게 하늘을 날아 올랐습니다.

봄·여름·가을·겨울 계절마다 변하는 자연의 모습을 바라보면서 정말 눈부신 아름다움을 만끽했습니다.

그날도 조종사는 평상시와 다름없이 활주로를 이륙하여 창공으로 솟구쳤습니다. 눈부신 햇살이 조종간 위로 가득 쏟아졌습니다.

왠지 기분 좋은 비행이었습니다.

어느 정도 한참을 날았을까, 갑자기 전에 보이지 않던 풍경이 보이기 시작했습니다.
한 번도 가본 적이 없는 낯선 풍경들이었습니다. 무엇에 홀린 것처럼 계속 비행을 하였습니다.

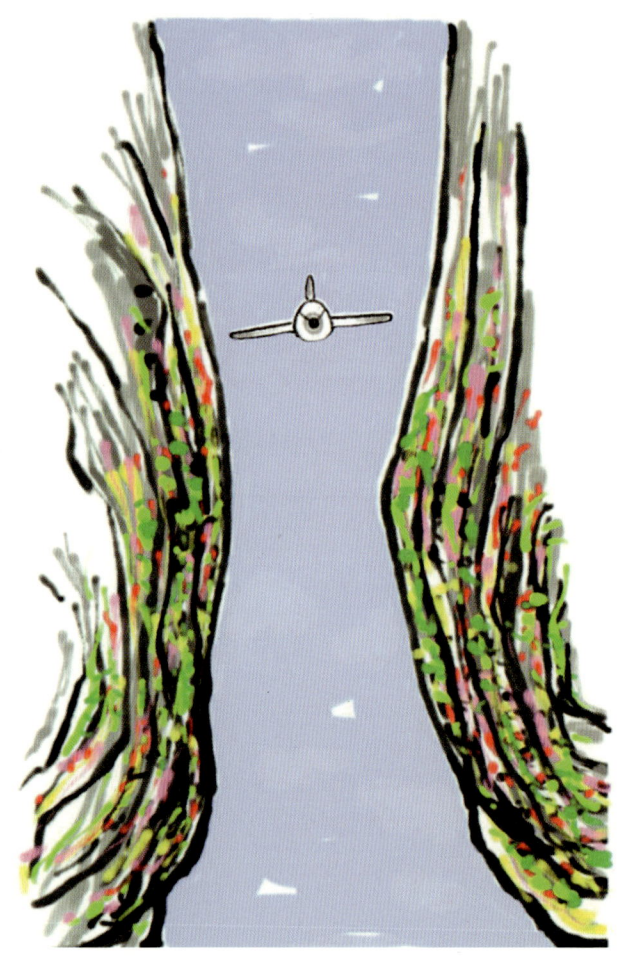

이런 아름다운 풍경은 태어나서 처음 보는, 너무나 신비로운 모습이었습니다.
날아가면 날아갈수록 더욱더 아름다운 풍광이 눈을 사로잡았습니다.

바로 그때였습니다. 갑자기 계기판에서 강한 경고음이 울렸습니다. 기름이 부족하다는 신호였습니다. 출발했던 곳으로 돌아갈 수 있는 기름의 양이었습니다.

하지만 눈앞에 펼쳐지는 매혹적인 자연의 신비에 눈이 멀어 경고음이 들리지 않았습니다. 조금만, 조금만 더……. 조종사는 돌아가야 한다는 경고음을 무시한 채 계속 비

행을 하였습니다. 그렇게 한참을 날아갔습니다. 바로 그때 '아……' 너무나 매혹적인 자연의 풍경이 끝날 즈음, 그곳에는 정말 놀라운 풍경이 목격되고 있었습니다.

그동안 이유 없이 실종된 수많은 비행기들의 잔해가 한 곳에 가득 모여 있었습니다. '그랬구나, 다른 비행사들도 나처럼 이곳까지 날아왔던 것이구나. 이럴 수가…….'

하지만 너무 늦은 후회였습니다.

자신의 비행기는 더 이상 날지 못하고 무수한 비행기들의 잔해 위에 그대로 추락을 하였습니다.

그때 조종사는 추락하는 비행기에서 어떤 표정을 짓고 있었을까요? 어쩐지 씁쓸한 미소를 짓고 있지 않았을까 생각됩니다. 모든 비행은 자신이 출발했던 곳으로 되돌아갈 수 있는 양의 기름을 남겨두고서 해야 하는 것인데 그 기본을 무시한 결과가 너무나 안타깝습니다.

아무리 아름답고 매력이 넘치는 대상이더라도 자신이 넘어서는 안 되는 경계를 깨닫고 돌아선다면 아무런 문제가 생기지 않겠지요.

하지만 그 돌아설 수 있는 시기를 놓친다면 그동안 쌓아왔던 오랜 명성과 노력들이 모두 한꺼번에 물거품이 되고 말 것입니다.

공든 탑이 절대 무너질 리야 없겠지만 방심을 한 채 쌓다 보면 일순간 그대로 무너질 수도 있는 것입니다.

하늘에 길이 있고
땅에도 길이 있듯
인생에도 길이 있다.

길을 가는 이는
모두 도인이다.

침착하게 천천히
온갖
주변의 아름다운 풍광을
구경하면서
다만
그 길을 벗어나지 말라.

스스로
길을 벗어나는 것이지
누가 붙잡거나
막아서지 않는다.

그냥 바라보고
손 흔들어주고
가볍게 미소 지어 주라.

너무나 매력적이고
가슴 뜨겁게 한다고
달려가지 말라.

그 끝은
항상 허망한 것이니,

길 위에 서있을 때가
가장 아름다운 것이니…….

하늘에 길이 있고
땅에도 길이 있듯
인생에도 길이 있다.

길을 가는 이는
모두 도인이다.

딱 한 번만 흔들리는 나무

가파른 산 중턱에 두 그루의 나무가 있었습니다.

봄·여름·가을·겨울, 나무들은 한자리에서 오랜 시간 다정하게 서로를 바라보고 있었습니다. 봄에는 한없이 싱그러웠고 여름에는 무성했으며 가을에는 노랗고 붉은 단풍잎들로 치장하고선 한껏 모양을 냈습니다.

그러다 겨울엔 사정없이 눈발이 몰아쳤으며 그때마다 두 그루 나무는 하얀 면사포를 쓴 신부마냥 눈부시게 빛났습니다.

그러던 어느 날이었습니다.

나무 하나가 갑자기 부르르 몸을 떨면서 잠잠히 머물고 있는 다른 나무에게 말했습니다.

"바람이 불어올까봐 걱정이야. 바람이 불면 온 몸이 휘청거리고 머리도 어지러워……."

"……."

"여긴 높아서 그런지 저 아래에 있는 나무들보다 우리가 훨씬 더 많이 바람을 맞고 있는 것 같아."

나무는 무척 억울하다는 듯한 표정으로 다른 나무에게 소리쳤습니다.

바로 그 순간이었습니다. 나무의 말을 듣기라도 한 것처럼 어디선가 갑자기 바람이 불어오기 시작했습니다.

바람은 점점 더 거세어졌고 아래로부터 치켜 올라온 바람은 두 나무를 있는 힘껏 몰아쳤습니다. 그러자 나무들은 이리저리 흔들리며 안간힘을 다해 땅 속 깊이 뿌리를 뻗었습니다.

온 몸을 조각조각 부숴버릴 듯한 큰 충격이 뿌리에서부터 가지 끝까지 전달되었습니다.

머리가 아뜩해지면서 이대로라면 머지않아 정신을 놓아버릴 것 같았습니다.

한참이 지난 뒤에야 겨우 바람이 잠잠해졌습니다. 언제 그런 일이 있었느냐는 듯, 갑자기 지극한 평온이 찾아왔습니다. 온 몸을 부르르 떨며 바람에 놀란 나무가 말했습니다.

"바람 때문에 못 살겠어. 시도 때도 없이 불어 닥치니, 정말 불안해서 못 살겠어……."

"……."

그런데 옆에 서있는 나무는 무심히 먼 하늘을 바라만 볼 뿐이었습니다.

"너는 바람이 무섭지 않아?"

어이없다는 표정으로 바람에 놀란 나무가 소리쳤습니다.

"나도 너처럼 바람이 불면 흔들리고 어지럽고 힘든 건 똑같아……."

"그런데 왜 넌 나처럼 떨지 않니?"

그러자 나무는 천천히 말을 꺼냈습니다.

"너는 바람이 불기 전부터 괴로워하고 바람이 부는 동안도 괴로워하며 바람이 멈춘 다음에도 또 괴로워하고 있잖아."

그러자 바람에 놀란 나무는 너무 당연하다는 표정으로 다시 물었습니다.

"그럼 너는 괴롭지 않니?"

"나는 딱 한 번, 바람이 불 때만 흔들리지. 그리곤 다 잊어버려……."

맞습니다. 살다보면 우리를, 바람과 같이 흔들고 지나가는 일들이 어디 한둘이겠습니까? 그때마다 비명을 지르고 괴로워한다면 너무나 괴롭고 안타까운 시간들이겠지요. 하지만 바람은 잠시 머무는 것입니다. 바람의 속성은 사라지는 것이지요. 그런데도 바람이 불기 전부터 괴로워하고 바람이 부는 동안도 괴롭고 바람이 지나간 다음에도 괴로워한다면 몇 배로 힘든 삶을 사는 것이겠지요.

바람을 이겨낼 순 없지만 그 바람을 받아들이는 태도는 우리가 선택합니다.

그것이 참 지혜이겠지요.

바람 부는 날
나무들은 떨고 있다.

바람 부는 날
이리저리 흔들리며
나무들은 숨을 고른다.

어떤 나무는
바람을 미리 괴로워하고
흔들리면서 괴로워하고
지나간 것을 기억하며
또 괴로워한다.

하지만 깨어있는 나무는
바람이 부는 순간만 흔들리며
그리곤 잊어버린다.

바람 부는 날
나무들은 떨고 있다.

하지만 깨어있는 나무는
바람을 안고 있다.

진급발표 후에 일어난 일

중령 진급발표가 난 후 3차에서 떨어진 어느 소령이 있었습니다. 어느 날 그가 법당엘 찾아와 부처님 앞에 비장한 얼굴로 절을 올리더니 갑자기 눈물을 흘리는 것이었습니다.

생전 남자가 그리 서럽게 토해내는 눈물은 처음 보았기에 잠시 당황스러웠습니다.
'얼마나 속상했으면…….'

　안타까운 마음에 차 한잔을 권하며 소령을 다실로 이끌었습니다.
　"지금 마음이 많이 힘드시죠?"
　아직도 어깨를 들썩거리는 사람에게 김이 모락모락 피어오르는 찻물을 하얀 자기 잔에 천천히 따라 주었습니다.

그는 두 눈 가득 발갛게 충혈된 모습으로 고개를 들더니 떨리는 음성으로 말을 꺼냈습니다.
"스님, 저는 지금 슬퍼서 눈물을 흘린 것이 아닙니다."

"네?"
"올해 진급이 거의 막차였지만 그것 때문에 우는 것이 아닙니다."
"그럼 왜……."
제가 말을 흐렸습니다.

"제 딸, 딸이……."
"딸에게 무슨 일이 생겼나요?"
"그게 아니라……. 딸이 태어나면서부터 지능 장애로 한 번도 제대로 된 발음을 못했었는데……."
"……."
"늘 버벅거리기만 하고, 그래서 용하다는 병원, 한의원을 찾아가서 별의별 약을 다 먹였었는데……. 아무런 변화 없이 늘 제자리걸음이었지요. 그런 딸의 모습을 볼 때마다 속상하고 안타까운 심정이었지만 어떻게 할 수 있는 방법이 나타나질 않았습니다. 한편으론 제가 낳은 자식에게서 아버지 소릴 듣질 못하니 그것도 조금은 억울했습니다. 제 평생 아빠 소릴 들어보는 게 소원이었는데…….”

"네……."

"그런데 오늘 아침, 어깨가 축 늘어진 채 부대로 출근하려는데 마침내 아이가 처음으로 저에게 아빠라는 말을 했어요. 그 순간 얼마나 놀랍던지요.

처음엔 제 귀를 의심했어요. 제가 너무 듣고 싶어서 헛것을 들은 것이 아닌가 하고……. 하지만 아이가 계속해서 저를 향해 아빠라고 불러대는 겁니다. 분명 제가 잘못 들은 것이 아니었습니다. 순간 하늘에라도 올라갈 것 같은 기쁨이 솟구쳤습니다. 온 몸에 경련이 일면서 딸을 껴안고는 마구마구 웃음소리가 터져 나왔습니다.

한참을 그렇게 흥분의 도가니 속에 있었습니다. 그러다 정신을 차리고선 제일 먼저 부처님께 감사의 인사를 올리려고 법당엘 와보니, 그동안 고생했던 딸아이의 모습이 떠오르면서 저도 모르게 기쁨의 눈물이 왈칵 솟는 것이었습니다."

"그런 사연이 있었군요."

"정말 감사드립니다. 10년 동안 한 번도 저에게 아빠 소리를 못했던 녀석이 오늘 드디어 말문이 터진 것은 부처님, 스님, 저를 위해 기도해 주신 모든 분들의 정성 덕분입니다. 여러분 덕분에 우리 아이가 이제부터 제대로 된 사람 노릇을 하게 되었으니까요. 하하하……."

"아주 잘 됐습니다. 지금 얼마나 기쁘시겠어요. 저는 감히 상상도 못하겠습니다."

진급발표 후에 일어난 일

"어쩌면 중령진급에서 3차까지 떨어진 저를 위로해 주기 위해서 딸아이가 이렇게 말문을 연 지도 모르겠습니다. 너무 행복합니다.

제가 진급되고 딸이 계속 이런 모습으로 힘들게 사는 것보다, 딸아이의 말문이 트인 것이 저에게 천만 배, 백만 배 헤아릴 수 없이 더 큰 행복을 줍니다."

"대단하십니다. 이렇게 지극 정성으로 딸을 돌보셨으니 기적이 일어난 것입니다. 정말 축하드립니다. 그동안 마음고생이 얼마나 심하셨겠어요?"

"딸아이 덕분에 인생 공부를 많이 하게 되었습니다. 모든 분들께 감사드립니다. 다 덕분입니다. 더 열심히 이웃을 배려하며 잘 살겠습니다."

소령은 참으로 행복한 얼굴로 기쁨의 눈물을 흘리고 있었습니다.

딸의 말문이 열렸다며 마냥 행복해 하던 그 기쁜 아버지의 얼굴이 잊혀지지 않습니다. 비록 자신은 3차 진급이 안 되는 힘든 상황을 겪으면서도, 태어나서 처음으로 아빠라고 외쳤던 딸의 놀라운 변화에 더 커다란 기쁨과 감동이 되어 감사의 기도를 올리러 왔다는 그 갸륵한 마음 씀씀이가 참으로 훌륭했습니다.

지금, 힘들고 어려운 입장에 처해 있더라도, 조금만 생각을 바꾸면 슬퍼하기보다 행복해야 할 이유가 더욱 많습니다. 그걸 알기 위해 지금 시련 앞에 서 있는 것이지요.

달리기를 하다 넘어졌지만
걷지도 못하는 사람보단
행복한 겁니다.

수영하다 물에 빠졌지만
물가에도 못 오는 사람보단
행복한 겁니다.

꼴찌를 하였지만
시험도 못 본 사람보단
행복한 겁니다.

모든 것이 생각하기 나름입니다.

배부른 것도 고통
배고픈 것도 고통

무식한 것도 고통
유식한 것도 고통

가장 심한 고통은
자신이 만드는 고통입니다.

자신이 감옥을 만들고선
스스로 들어가 문을 걸어 잠급니다.

누구도 그 문을 열 수 없습니다.

열쇠가 밖에 있는 것이 아니라
안에 있기에

스스로만이 문을 열고 나올 수 있습니다.

지금 당장 감사해 보십시오.
일어나는 모든 일들을
감사한 마음으로 바라보면
모든 고통이 사라집니다.

감사하다 보면
저절로 감사할 일들이 생겨납니다.

이 놀라운 기적을 포기하지 말아주십시오.

운명은 우릴 시험하는 것이 아니라
언제나 우리에게 길들여지기를 기다리고 있습니다.

운명을 원망하지 말고
운명을 감사하면 저절로 모든 운명이 우릴 따르게 됩니다.
그것만이 진정한 기적입니다.

부디 그러하기를…….

당신보다 나쁜 사람

어느 날 아들은 아버지가 다른 사람의 모함으로 무척 힘들어하는 모습을 보았습니다.
밤늦게까지 잠 못 이룬 채 고뇌에 찬 시간들을 보내고 있는 아버지의 모습이 안타까웠습니다.

한참의 시간이 흐른 뒤, 아버지를 모함했던 사람이 갑자기 나타났습니다.
그리곤 아버지에게 사과를 하며 정중하게 용서를 구했습니다.

"정말 큰 실수를 저질렀습니다. 제가 잘못해서 많은 실례를 끼쳤습니다. 저 때문에 오랜 시간을 괴로워하셨을 것 같아 죄송합니다. 제가 너무 몰라서 그랬습니다. 부디 넓은 마음으로 용서를 바랍니다."

목소리와 얼굴 표정에 진실이 담겨 있었습니다. 그러자 아버지는 아주 편안한 얼굴로 이렇게 대답했습니다.
"물론이지요. 용서를 하겠습니다."
"아니, 어떻게 저를 이리 쉽게 용서를 하여 주십니까?"

"내가 용서를 하지 않는다면 당신보다 더 나쁜 사람이 될 것이기 때문입니다. 잘못은 당신의 몫이지만 용서는 또한 나의 몫이기도 합니다."

남자는 너무나 감동하여 고개를 떨어뜨린 채 눈물을 흘렸습니다.

그렇지요. 누구나 실수하고 잘못할 수 있습니다. 하지만 그런 잘못을 뉘우치고 용서를 구하는 용기 역시 아름답습니다. 더욱이 그러한 용서를 받아들이는 넓은 마음은 더욱 아름다운 것입니다.

자신을 모함하고 잘못 이해하는 사람들로 인해 얼마나 힘들어하고 괴로워하는 사람들이 많습니까? 억울함을 호소하면 할수록 일은 더욱 꼬이게 되고 그렇기에 말없이 진실이 밝혀지기만을 기다리는 시간들이 너무나 고통스럽기만 합니다. 그런 고통을 안겨주었던 사람이 자신을 찾아와 용서를 구할 때 과연 이처럼 편안하게 용서를 하여줄 수 있는 분들이 얼마나 많을까요?

잘못하는 사람은 평범한 사람이지만 용서를 할 수 있는 사람은 아주 특별한 사람입니다.

미안해요.
나도 모르게 당신에게
상처를 주었네요.

나도 모르게 당신에게
아픔을 주었네요.
정말 미안해요.

이런 마음,
부끄러운 마음,
후회라는 마음을
당신이 받아주지 않으면
누가 이 마음을 받아줄까요?
부탁이에요.
저를 용서해 주세요.
제 잘못을 너그럽게 받아주세요.

그럼요.
나는 당신을 용서합니다.
당신 마음을 받아들입니다.
당신을 충분히 이해합니다.

아니 어떻게 그럴 수 있지요?
제가 드린 고통이 참으로 큰데·······.

나는 당신보다 더 큰 잘못을 저지른 적이 있어요.
당신만큼 부끄러운 사람이지요.
당신의 부끄러움을 받아들이지 않는다면
나의 부끄러움은 누구에게서 받아들여질까요?

잘못이 당신 몫이라면
용서는 당연히 나의 몫입니다.
당신을 내가 용서하지 않는다면
나는 당신보다 더 나쁜 사람이 될 것입니다.

고마워요.
당신 덕분에 편안한 마음이 되었네요.
이제야 어두운 그늘에서 벗어났어요.
당신은 놀라운 분입니다.
부족한 사람을 채워준 고마운 분입니다.

그것이 더욱 저를 부끄럽게 만드네요.
부끄러움이 이렇게 감사한 것인 줄 이제 알았네요.
고마워요. 고마워요.

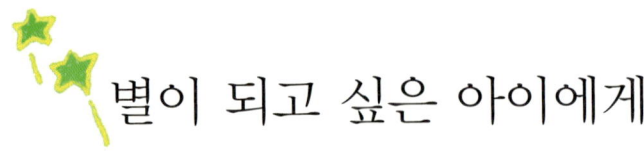# 별이 되고 싶은 아이에게

　별이 되고 싶어 했던 소년이 있었습니다. 소년은 날마다 밤하늘의 별을 보며 기도했습니다.
　"별님, 별님……. 별님처럼 반짝반짝 빛나고 싶어요. 밤하늘에 눈부신 별빛이 되고 싶어요."

별이 되고 싶은 아이에게 87

너무나 간절하게 소년은 별을 향해 기도를 올렸습니다.

그러던 어느 날이었습니다. 소년은 그날도 별을 향해 기도를 하고 있는데 수많은 별들 중에 빛나는 별 하나가 갑자기 커지면서 소년에게 말을 하는 것이었습니다. 너무나 아름다운 목소리였습니다.

"아이야, 착한 아이야, 별빛은 네 가슴속에 있어. 이 세상에서 가장 소중한 것들은 전부 네 안에 들어있단다. 그러니 애써 나를 향해 기도를 하지 않아도 돼. 넌 이미 축복을 받은 아이야."

"정말로요?"

"그럼, 언제까지나 네가 나를 바라보며 가슴 설레는 꿈들을 말하면서 지금처럼 순수할 수 있다면 언제든지 내가 너를 축복하고 지켜주마."

"그런데 왜 어른들은 별님을 보고 기뻐하지 않아요?"

"……."

"네?"

온통 눈부신 빛으로 가득한 별이 갑자기 슬픈 표정을 지으며 말했습니다.

"어른들이 너만 하였을 때는 지금처럼 똑같이 나를 바라보며 무척이나 행복해 했었지."

"그런데 지금은 왜 안 그래요?"

"자신의 어린 시절을 잃어버렸기 때문이지……. 아무도 꿈을 꾸지 않아. 내면의 어린아이가 깨어나지를 않으니 내 미소가 그의 가슴을 깨울 수 없단다."

별빛으로 빛나고 싶어 했던 어린 시절이 혹시 계시지 않았나요? 밤하늘에 가득한 별빛들을 바라보면서 크나큰 외경심과 설레임으로 황홀하기까지 했던 그 어린 시절의 아름다운 밤 말입니다.

하지만 지금은 그렇지 못하지요. 별을 바라봐도 그저 별일 뿐……. 삶에 너무 지치고 세상 일이 바쁘다 보니 가장 소중한 것들을 점점 잃어버리게 되는 것 같습니다. 희망, 꿈, 전설, 신화, 별들의 사랑까지…….

별은 아이에게 순수함을 잃지 않는다면 끝까지 아이들을 축복하고 지켜준다 하였지요. 하지만 어른이 되면서 모든 것을 잊어버리고 더 이상 별빛과 함께 할 수 없는 우리가 된 것이 참 안타깝기만 합니다.

얼른 울고 있는 우리 내면 속의 아이들을 깨어내야겠어요. 별빛과 함께 한다면 하나도 외롭지 않을 테니까요.

그렇게 된다면 다시 꿈을 꿀 수 있고 희망도 가질 수 있고 신화와 전설, 별들의 사랑을 온 몸으로 느낄 수 있을 테니까요.

별들은 항상 눈부십니다.
별들은 항상 빛나고 있습니다.
별들은 항상 속삭입니다.
별들은 항상 노래를 부르고 있습니다.
그리고
별들은 항상 춤을 추고 있습니다.

한번 상상을 해 보십시오.
온 우주가
얼마나 기쁘고 행복하고 탄성이 오가는
정열의 밤무대인지를…….

별들은 정직합니다.
별들은 순수합니다.
별들은 진실만을 믿습니다.
별들은 거짓이 무엇인 줄 모릅니다.
그리고
별들은 항상 기도를 하고 있습니다.

한번 상상을 해 보십시오.
온 우주가
얼마나 거룩하고 엄숙하고 침묵이 흐르는
고요한 성소인지를…….

별들은 항상 우리를 축복하지요.
별들은 항상 우리를 기뻐하지요.

왜냐하면
우리도 별이니까요.
우리 가슴 속엔
별보다도 더 빛나는 노래
별보다도 더 신나는 춤들이 가득하고

우리 가슴 속엔
별보다도 더 깊은 진실
별보다도 더 완전한 깨달음이 살아 숨쉬니까요.

행복하세요.
행복하세요.

우리 가슴 속에 넘치는 사랑과
우리 가슴 속에 넘치는 기쁨으로 모두를 축복하세요.
사랑만이 우리가 별이 되기 위한 유일한 주문이랍니다.
사랑만이 우리가 이 별을 살아갈 수 있는 유일한 희망인 거죠.

다시 한 번 생각해 봐요.

내가 누구인지를,
내가 왜 살아 있는지를,
내가 왜 여기에 있는지를…….

우린 지금 온 우주를 돌아다니며
노래 부르고
춤을 추다가
이번 한 생은 지구별에서
잠시 머물기로 했죠.

그것이 생의 목적인 거죠.
잠시 놀다 가는 것.

여행지에서 무얼 소유할 것도 없고
여행지에서 무엇이 될 것도 없고
여행지에서 무엇 때문에 심각할 것이 없다는 것만 잊지 말아요.

그러니 이 짧은 시간 동안에
누군가에게 가슴에 남는 상처를 주고
해서는 안 될 말을 하고
그 사람의 인격을 무시한다면

그건 너무나 참담한 여행이겠죠?
더군다나 그 사람이 자신이 가장 사랑하는 사람이라면
더 더욱 안타깝고 슬픈 여행이겠죠.

우린 여기에 그리 오래 있지 않아요.
어차피 얼마 안 있으면 우린 모두 다른 별로 떠나야 하니까,
그것만이 확실해요.

모든 미래가 불확실하지만
우리가 떠나야 한다는 것만은 분명하죠.

그러니 이왕이면
사랑하고 이해하고 용서하며
한없이 포옹하고 끝없이 안아주면서
서로를 함께 느껴주어야 하는 거죠.

그러면 그때가 와도 기쁘게 떠날 수 있을 거예요.
사랑하는 사람을 만나기 위해 잠 못 이루던 시간처럼
설레며 미소 지은 채 손꼽아 기다리고 있을 거예요.

그곳에선 이미
또 다른 밤무대가 우릴 기다리고 있을 테니까

이곳에서 너무 머뭇거리고
이 별에서 너무 뒷걸음치면
다른 별에서 더 신나게 춤 출 시간이 모자라거나
어쩌면 예약 취소될지도 모르니까…….

난 몰라요.

제 2 장
사랑보다 더 큰 힘은 없습니다

할아버지의 눈물

할아버지와 손주가 함께 음악회를 가게 되었습니다. 음악회장 안에는 다정한 연인과 가족들이 행복한 얼굴로 곧 시작될 연주를 기다렸습니다.

잠시 후, 지휘자가 청중들에게 인사를 한 후 음악을 연주하기 시작했습니다.

몇 개의 곡이 연주되고 청중들은 숨소리도 잊은 채 깊은 음악의 선율에 젖어 들었습니다.

언제 시간이 흘렀는지 모를 정도로 감동적인 연주가 진행되었습니다.

잠시 중간의 휴식시간이었습니다.

손주가 할아버지를 보니 움푹 패인 두 눈가에 눈물이 고여 있었습니다.

깜짝 놀랐습니다.

"할아버지……."

"……."

할아버지는 애써 눈물을 참았지만 마침내 고개를 숙인 채 흐느껴 울었습니다.

"할아버지……."

할아버지가 잠시 고개를 들더니 물끄러미 저만치 앞에 앉아 있는 어느 다정스런 노부부를 바라보았습니다.

"얘야, 할아버지는 너무 가슴이 아프단다."

"오늘 음악에 깊은 감동을 하셨나 봐요."

"그게 아니다. 할머니가 좋아하는 음악이 흘러나와서 나도 모르게 그만……."

"할머니 생전에 함께 음악회에 오시지 않으셨어요?"

"글쎄 말이다. 나중에 나중에 하다가 그만……. 어쩌다 보니 네 할미와 한 번도 함께 온 적이 없구나."
"……."

"네 할머니가 음악을 얼마나 좋아했었는데, 음악회에 함께 가자며 몇 번을 졸랐었는데……. 그때마다 무슨 핑계를 대면서 할머니를 혼자 남겨두었었단다. 나는 정말 어리석었단다…….."

할아버지는 더욱 뜨거운 눈물을 흘리고 있었습니다.

"애야, 너는 결코 할아버지처럼 되지 말아라. 그런 어리석은 사람이 되지 말아라."

"……."

"가장 가까운 사람의 마음을 헤아리는 것이 가장 큰 기쁨인 것을 너무 늦게야 알았구나."

할아버지는 두 눈을 껌벅거리며 하염없이 흐르는 눈물을 두 손으로 훔쳐내고 있었습니다.

그렇지요. 가장 가까운 사람의 마음을 헤아리는 것이 가장 큰 기쁨임을 알 수 있다면 얼마나 좋을까요?

우린 너무 편안하고, 쉽게 다가갈 수 있다는 이유로 가까운 사람들의 의견과 바람을 소홀히 대하는 경우가 많습니다. 그리곤 잘 알지 못하고 그리 가깝지도 않은 사람들에게 인정을 받기 위하여 최선을 다합니다.

하지만 시간이 지나 남는 것은 모르는 사람들이 아니라 나와 가장 가까운 사람들입니다. 이 사실을 알게 되었을 때는 이미 그 사람이 곁에 머물지 않고 혼자 남게 된 것이지요.

쓸쓸히 홀로 남아 과거를 회상하며 늦은 후회를 하지만 이미 지난 시간과 기회들은 다시 돌아올 수 없습니다. 함께 있을 때, 사랑하는 사람이 곁에 있을 때 그 사람의 마음을 헤아리고 작은 바램을 들어주었다면 얼마나 행복한 삶을 함께 누릴 수 있었을까요?

함께 기뻐하지 않으면
홀로
눈물을 흘리게 됩니다.

함께 그 마음을 헤아리지 않으면
홀로 남아
후회를 하게 됩니다.

떨어지는 낙엽보다
더 많은 후회의 눈물을 흘리고

하염없는 세월보다
더 깊은 절망의 동굴을 걸어야 합니다.

사랑하는 사람이 곁에 머물 때
사랑하는 사람들의 웃음소리가 가득할 때
그것이 진정 기쁘고
완전한 행복임을 깨달아야 합니다.

사랑하는 사람들의 마음을 헤아리며
작고 사소한 기쁨들을 만끽한다면
세상에서 가장 큰 행복을 느낄 수 있습니다.

우린 그러기 위해 이 세상에 태어난 것입니다.
가장 사랑하는 사람들과 하나 되기 위하여…….

히말라야의 어느 설원에 고려장을 하는 부족이 있었습니다. 물과 식량이 부족한 마을에서 다른 가족들을 위하여 어쩔 수 없이 내려온 오랜 풍습이었습니다.
 노인들 중에 병약하여 거동이 불편하게 되면 아들이 아버지를 등에 지고 아무도 모르게 집을 나왔습니다.

광활한 벌판을 묵묵히 걷다가 적당한 장소가 나타나면 아들은 임시천막을 쳤습니다. 그리곤 아버지에게 마지막 큰절을 올리곤 보름치의 식량을 남겨놓고 마을로 되돌아갔습니다.

바람이 사정없이 몰아치는 그 벌판 위에서 아버지는 말이 없고 아들도 말이 없었습니다.

아들이 떠나고 나면 보름 동안 노인은 천막 안에서 눈을 감고 오직 죽음만을 기다립니다.

호흡을 가다듬고 임종이 찾아오기만을 간절히 기도합니다. 바람소리만이 가득한 광활한 벌판과 추위와 굶주림 속에서 죽음만을 생각하다 보면 어느새 이전의 자신이 아니라 새로운 자신을 만납니다. 지금껏 살아온 모든 것들이 꿈만 같고 진정한 자신을 만납니다. 죽음을 준비하다 보니 오히려 살아 있는 자신을 만납니다.
 그러다 어느새 보름이 지나면 아들이 다시 찾아와 아버지의 죽음을 확인합니다.
 그래도 살아 있으면 또 보름치의 식량을 두고 떠납니다. 누구도 슬퍼하지 않습니다.

"어서 가봐라. 나도 그랬고, 네 할아버지도 그랬다. 이처럼 맑은 하늘을 보게 되어서 참 감사하구나."

아들은 이번이 마지막이라 생각하며 다시 아버지께 큰절을 올립니다. 아들은 길을 떠나고 아버진 다시 기도에 열중합니다.

어쩌면 참 비정한 이야기로 들릴지도 모릅니다. 하지만 물과 음식이 부족한 마을에서 병든 노인이 자신의 수명을 오래 연장하기보다 스스로 자신의 삶을 정리하여 남은 가족들에게 도움이 되고자 했던 오랜 풍습이 한편으론 거룩하게 느껴집니다.

요즘 보면 병원 요양실에서 가만히 침대에 누워 자신의 생명을 연장하는 사람들이 있습니다. 하루라도 더 악착같이 살려고 애쓰지만 어차피 죽게 되어 있는 목숨인 줄을 까맣게 모릅니다. 그런 모습과 비교한다면 어쩌면 스스로 삶을 정리하여 뜻 깊은 죽음을 맞이하고자 했던 설원의 고려장 풍습이 더욱 의미 있고 숭고하게 느껴집니다.

아들아,
사랑하는 아들아,

바람이 차다.
옷깃을 여미거라.

아들아,

내 소중한 아들아,

힘든 세상에 부대끼며
가슴 졸이지 말아라.

아들아,
내 착한 아들아,

언제나
파란 하늘을 바라보며
너만의 미소를 짓거라.

아들아,
오늘도 세상은
그대로 흘러갈 것이니
붙잡지 말고
애달파하지 말아라.

오는 것은 받아주고
가는 것들은
마음껏 떠나게 하라.

아들아,
내 사랑하는 아들아,

바람이 차다.
옷깃을 여미거라.

내 아들이 너를 사랑하니까

극진히 아들을 아끼고 사랑하는 어머니가 있었습니다. 일찍 남편을 여의고 홀몸이 된 어머니는 오직 자식 하나만을 바라보며 일생을 살았습니다.

그렇게 정성들여 키운 자식은 한 번도 어머니 뜻을 거스르지 않은 채 공부도 1등, 운동도 1등, 모든 것에서 두각을 나타내며 주변 사람들의 칭찬과 기대를 한 몸에 받았습니다.
　아들은 어머니가 바라던 명문대학에 입학하여 또 한 번 어머니에게 기쁨을 안겨주었고 공부에 열중하여 매번 장학금을 탔습니다.

그런 아들이 어느 때부터인가 공부를 한다는 핑계로 자주 늦는 날이 많아졌습니다.

아들의 얼굴이 왠지 전에 없이 들뜬 표정이라는 것을 어머니는 알 수 있었습니다.

그러던 어느 날, 수줍은 얼굴로 아들이 사랑하는 사람이라며 애인을 데리고 왔습니다.

어머니는 찬찬히 여인을 바라보았습니다. 어딘가 당차고 자기주장이 강해 보였습니다. 내성적이고 착하기만한 아들에게 너무 강한 여인의 모습 같아 왠지 조심스러웠습니다.

말을 붙여보니 그런 추측을 더욱 확신할 수 있었습니다.

내색을 하지 않았지만 보면 볼수록 이상하게 마음 속 한 구석이 불편했습니다.

며칠 후 어머니가 조용히 아들에게 말했습니다.

"애야, 처음이자 마지막 부탁이다. 제발 그 애하고 결혼을 하지 않으면 안 되겠니?"

아들은 어머니의 갑작스런 말에 충격을 받고선 한참 동안 말이 없었습니다. 그리곤 결심한 듯,

"어머니, 죄송합니다. 저 여자가 없으면 난 아무것도 못할 것 같아요."

결국 어머니는 결혼을 승낙했고, 두 사람은 많은 사람들의 축복 속에서 결혼을 하게 되었습니다.

여인은 시집을 와서 곧바로 아이를 낳고, 맏며느리로서 집안의 대소사에 참여하게 되었습니다. 그럴 때마다 자기주장이 강했던 며느린 늘 어머니와 충돌하게 되었고, 아들은 중간에서 난처한 입장이 될 수밖에 없었습니다.

급기야 며느리는 어머니와의 왕래를 완전히 끊게 되었고, 어머니는 홀로 남아 긴 세월을 보내게 되었습니다.

어느 해 늙은 어머니는 몸이 쇠약해져 몸져눕게 되었습니다. 약을 먹어도 큰 차도가 없더니 마침내 마지막 숨을 몰아쉬게 되었습니다. 급하게 달려온 아들과 며느리, 손주들이 함께 임종을 지켰습니다.

어머니는 아들과 손주들을 잠시 밖으로 나가게 하였습니다. 시어머니와 며느리만 남게 되었습니다. 긴 침묵이 흐른 후 어머니가 말했습니다.

"애야, 난 너를 사랑했다."

"어머니……."

"……."

며느리가 회한의 눈물을 흘렸습니다.

"제가 어머님께 너무 잘못한 것 잘 알아요. 처음부터 저를 며느리 감으로 인정하지 않으셨지만 애써 결혼을 승낙하시고 무슨 일이든 사사건건 어머니와 충돌할 때마다 어머닌 저를 무시하지 않고 항상 존중해 주셨어요. 아무 철없던 제가 그동안 어머니를 너무 힘들게 했죠."

"애야, 괜찮다. 더욱더 너를 사랑하지 못했던 것이 정말 미안하구나."

"어머니……. 한 가지 궁금한 것이 있어요. 어떻게 어머니는 마음에 들지 않은 저를 이해하고 용서하며 마침내 온 가슴으로 사랑을 해 주신 거죠? 네?"

어머니는 한참 동안 며느리를 바라봤습니다.

"내 아들이 사랑하는 사람이라면 기꺼이 나도 사랑해야 하는 것이라 생각했다. 내 아들이 사랑하니까. 나도 너를 사랑한 거야……."

"어머니……."

"고맙구나. 다음 생에선 더 좋은 인연으로 만나자꾸나."

그리곤 마지막 숨을 몰아쉬기 시작했습니다. 아들이 급하게 뛰어 들어왔습니다.

"어머니! 어머니!"

"그래, 내 아들, 사랑하는 내 아들. 고맙구나. 정말 고맙구나. 항상 부족한 어미 곁에서 고생했다. 너 하나로 이 어민 참 많이 행복했다. 사랑한다. 내 아들……."
그리곤 숨을 멈췄습니다.

아들이 어머니를 붙잡고 통곡하기 시작했습니다.
"어머니!"
"어머니는 천사였어요. 미움을 이겨낸 천사. 사랑하는 사람을 위해서라면 모든 것을 희생한 천사, 가슴으로 사랑을 실천한 천사……. 어머니 고마워요. 이제야 당신을 만나네요. 진심으로 고마워요."
며느리는 두 무릎을 꿇고서 통곡을 했습니다. 어머니의 영혼은 두 사람을 축복하고 참으로 행복한 미소를 지은 채 밝은 빛에 휩싸여 하늘로 올라갔습니다.

진실한 사랑이 무엇인가를 보여준 이야기입니다.
나와 의견이 달라도 나를 존중하지 않아도, 사랑하는 사람의 행복을 위하여 기꺼이 자신을 포기할 수 있는 사람, 그것은 어머니였기에 가능한 것이었지요.
며느리이기에 앞서 평생 키운 자식이 사랑했던 사람이었기에, 어머니는 기꺼이 그 며느리를 사랑했던 것입니다.
진정한 사랑이라면 이렇게 무조건적인 사랑이어야지요. 헤아리고 따지는 조건적인 사랑은 불완전합니다. 우리 가슴 속에 숨 쉬고 있는 이 사랑의 불씨를 활활 태워 가슴 뜨거운 삶을 살아야겠지요?

어느새
노오란 개나리 산수유 꽃이 피었네요.
붉은 진달래 철쭉도 한창이고요.

세상은 어김없이 봄이 오는데
한 번 가신 당신은 언제 오나요?

태양보다 더 뜨겁고
얼음보다 더 차가웠던 당신이
지금은 어느 하늘 봄빛이 되어
눈부시게 쏟아지는 것은 아닌지…….

겨울 봄 여름 가을,
겨울 봄 여름 가을…….

당신은 언제나 청년이세요.
제 그리움도 언제나 청춘이지요.

보고 싶은 당신…….

여보 마누라, 당신을 사랑해

어느 양반이 있었습니다. 성격이 좀 거칠어서 그런지 양반은 부인에게 한 번도 존칭어를 사용하지 않았고 다정하게 이름을 불러본 적도 없었습니다.

툭하면 이년 저년 하면서 사람들 앞에서 아내를 면박 주기 일쑤였으며 화를 잘 내고 부인의 말은 상대조차 하지 않았습니다.

그러던 어느 날, 방 안에서 양반이 심하게 아내에게 화를 내자 그만 참다못한 아내가 방문을 열고서 마당으로 뛰쳐나갔습니다.

 화가 난 양반은 마당으로 쫓아 나갔고 고래고래 소릴 질렀습니다.
 "야, 이년아. 네가 뭘 잘했다고 방 안을 뛰쳐나가는 게야! 야, 이년아 멈추어라!"
 양반은 씩씩대면서 마당을 가로질렀습니다.

"야, 방금 전 그년이 달아나는 것 보지 못했냐?"
"네?"
마당쇠가 놀란 얼굴로 양반을 바라보았습니다.
"아, 그년 말이야, 그년!"
양반은 얼굴 가득 핏기가 올라서 있었습니다. 순간, 낌새를 알아챈 마당쇠가 소리쳤습니다.

"아~~~, 그년이요. 제가 보니까 그년이 뒤도 안 돌아보고 저쪽으로 달아나던데요."

마당쇠는 손가락으로 마당 한쪽을 가리켰습니다. 순간, 양반은 큰 충격에 휩싸이게 되었습니다.

"그년? 너 방금 뭐라고 말했냐?"

"어르신께서 그년, 그년 하시기에 저도 모르게 그만 ……."

양반은 아무 말도 할 수가 없었습니다. 아무리 그래도 어떻게, 안주인을 그년이라니…….

부인뿐만 아니라 자신도 함께 양반 체면이 땅바닥에 떨어진 순간이었습니다.

순간 양반은 누구를 원망할 것도 없이 모든 것이 자기 탓이란 걸 깨달았습니다.

그 후로 양반은 절대로 아내에게 하대를 하지 않았고 부드러운 말과 온화한 표정으로 바뀌었습니다. 더군다나 주변 사람들이 보는 앞에서는 더더욱 아내를 존중하고 극진히 위했습니다.

뿐만 아니라 모든 사람들에게도 편안하고 친절한 모습으로 대했으며 어디에서도 큰 목소리를 내지 않았습니다.

그러자 집안은 봄바람이 부는 것처럼 화평해졌고 아내와 집안사람들이 행복한 얼굴로 주인 양반을 존경하고 따랐습니다.

어느 날, 양반이 아내의 손을 잡고서 말했습니다.

"여보 마누라, 정말 고맙네. 이렇게 옆에 있어줘서……."

"무슨 소리예요. 제가 고맙지요. 항상 저를 사랑해 주셔서……."

"아니, 이렇게 곱고 어진 부인을 두고 사랑하지 않으면 내가 사람인가?"

그러자 부인이 짐짓 눈을 흘기며 양반에게 말했습니다.
"그년이 그렇게 좋아요?"
"하하하, 글쎄 그년보다는 여보 마누라, 당신이 좋구먼. ……."

두 사람은 함께 웃으면서 더욱 두 손을 꼬옥 잡았습니다. 마침 주변 나무에 피어있던 꽃들이 두 사람에게로 날아왔고 부부는 그지없이 행복한 미소를 지었습니다.

정말 보기 좋은 모습입니다. 자신의 아내를 하대하며 무시했던 양반이 어느 날, 자신의 하인으로부터 그년이라는 아내의 신분을 확인하고선 참으로 부끄러운 마음과 큰 충격에 빠지게 됩니다.

누구를 원망할 것 없이 자신의 습관에서 그 원인을 찾았던 양반은, 마침내 아내를 공경하고 사랑하는 마음이 되어 다른 이들에게도 똑같이 부드럽고 친절하게 대하자 상황은 완전히 양반을 공경하고 존중하는 분위기로 바뀐 것이지요.

결국 세상은 내가 쏟아내는 표현과 진실만큼 변한다는 것을 보여주는 이야기입니다.

'이년 저년' 했던 양반은 그저 '이놈 저놈'에 불과한 사람이지만, '여보 당신' 하는 양반은 모두에게 존경받는 사람으로 살게 되네요.

여보 마누라,
사랑하는 당신,

참 고맙고 또 고맙네.

자네가 없으면
어찌 사는가?

이 풍진 세상,
살가운 이들은 하나 둘 떠나고
혼자 남은 세상,

여보 당신이 있어서
참 많이 힘이 되네.

어리석을 땐
혼자만 잘난 줄 알았는데
철이 들고 보니
모두가 잘났네 그려.

이 좋은 세상
더불어 함께 나누고
칭찬하고 기뻐하면서
마음껏 웃으니 얼마나 좋은가?

당신은 나의 스승이네.

묵묵히 오랜 세월
잘 참아주어서 지금 이런 시절이 있네.

참 고맙네.
정말 고맙네…….

여보 마누라,
나의 사랑하는 당신,

참 고맙고 또 고맙네.

여보 마누라, 당신을 사랑해

 며느리의 문자

　젊어서 홀로 된 70 넘은 시어머니를 시집올 때부터 평생 모시고 살아온 며느리가 있었습니다.
　성질이 까다롭기로 유명한 시어머니를 묵묵히 모시고 지내온 며느리에게 주위사람들은 요즘 세상에 보기 드문 효부라며 칭찬이 자자했습니다.

　어느 날 시어머니는 바람을 쐰다며 딸네 집으로 마실을 갔고, 듬직한 사위와 귀여운 손주들, 딸네 식구들의 환영 속에서 간만에 즐거운 시간을 가질 수 있었습니다.

그렇게 며칠이 흘렀습니다. 잠깐 다녀갈 줄 알았던 어머니가 생각보다 긴 시간을 보내자, 딸은 어머니가 오래 머물 것 같은 불길한 예감이 들어 슬슬 어머니 눈치를 살피기 시작했습니다. 바로 그때였습니다. 갑자기 시어머니 휴대전화로 며느리에게서 문자가 왔습니다.

시어머니는 작은 글자가 안 보인다며 딸에게 문자를 읽어 달라 하였습니다.

딸은 어머니에게 큰 소리로 또박또박 한 글자씩 읽어 내려갔습니다.

"어머니, 참 이상하지요.

이 나이가 돼도 어머니가 곁에 있을 땐 자꾸만 받고 싶은 것이 많았었는데, 떨어져 있어 보니 그 동안 제가 참 많은 것을 받았었구나 하는 생각이 갑자기 들면서 무척 부끄러웠습니다.

그런데 어머님, 또 가까이 있으면 이 마음 다 사라져 버릴 것 같아 이렇게 문자를 보냅니다.

어머니, 건강하시고 오래 오래 사셔요. 가끔씩은 이렇게 떨어져 있으니 그동안 부족했던 것을 새삼 깨닫는 것도 있군요. 형님네서 맛난 것 다 드셨으면 더 맛있는 것 준비할 테니 이제 집으로 오시지요."

딸이 문자메시지를 다 읽자 어머니의 두 눈에 뜨거운 눈물이 흘렀습니다.

그리곤 딸을 보며 한마디 했습니다.

"배 아파 낳은 딸도 지 에미를 보지 않으려 하는데, 도대체 이건 천사여, 사람이여……."

"엄마!"

딸이 억울하다는 표정으로 어머니를 째려보았습니다.

"사실이지 않냐? 내 눈은 아무도 못 속인다. 언제부터인가 밥맛이 좀 설더니만……."

"……."

"나 갈꺼닝께 니들끼리 잘 먹고 잘 살어……. 그동안 고생 많았다. 이렇게 착한 며느릴 보내주신 사둔 댁들한테 감사해야지. 나는 쪼까 잘 못 산 것 같다."

딸은 고개를 숙인 채 문자메시지가 담겨진 휴대전화만을 만지작거렸습니다.

며느리의 문자

참 착한 며느리입니다. 자기가 낳은 딸도 며칠 지나니, 어머니를 불편해 하는데 며느리는 오히려 시어머니를 그리워하면서 얼른 돌아오라는 문자메시지를 보냈으니 말입니다. 이런 착한 사람들이 세상에 많으면 아무런 고부 갈등이 생기지 않겠지요?

같이 있을 땐 받고 싶은 것이 많았는데 떨어져 있어 보니 오히려 그동안 받은 것이 더욱 많았다는 며느리의 말처럼, **받고 싶은 마음보다 감사하는 마음을 떠올리면 아무런 원망이 생기지 않을 겁니다.**

이렇게 하루하루 새로운 깨달음이 생겨날 수 있다면 좋겠습니다.

어머니,
당신과 함께 있을 땐
서운하고 못마땅한 일투성이였는데
이렇게 빈자리로 며칠을 보내니
그동안 제가 참 많은 것을 받았었구나 하는
생각이 들었습니다.

아무리 나이가 들어도
아랫사람은 역시 속 좁은 마음이라는 걸

늦게야 깨달았습니다.

어머니한테는 무조건 받고 싶고
받아도 당연하고
받으면 더 받고 싶고
받지 못하면 꿔준 것 못 받는 심정마냥
억울하고 서운했으니까요.

어머니 안 계신 첫 날은
날아갈 듯 가볍고
전부가 내 세상인 것 같았는데,

하루 이틀 지나다 보니
왠지 불안하기 시작하고
알 수 없는 허전함이 뱅뱅 맴돌았습니다.
그러다 우연히 어머니께서 애지중지 기르던 화초가
모두 시들어있는 것을 발견하고선
꽃들도 저리 사랑받지 못함을 온 몸으로 보여주는구나 하면서
문득, 그동안

제가 받은 것이 참 많았다는 생각이 드는 겁니다.
갑자기 생긴 불안의 원인을 알 수 있었습니다.
시든 화초마냥 제 마음도 어머니의 손길이 필요했습니다.

어머니,
정말 죄송합니다.

아직도 철이 없고
너무 바라는 게 많아서
어머니 고마운 걸 진정 몰랐습니다.

큰 나무 밑이 얼마나 시원하고
따듯한 것임을 이제야 깨닫습니다.

어머니, 감사합니다.
염치없는 부탁인 줄 알면서도 간절히 소망합니다.
이번 생의 인연이 감사한 것처럼
다음 생의 인연 역시 더 감사한 인연으로
만났으면 좋겠습니다.

한참 부족하지만,
더 늦기 전에

철 좀 들어 어머니께 착한 며느리가 되겠습니다.

어머니 건강하게 오래오래 사셔요.
꼭 그리 하셔야 해요.

제 *3* 장
마음으로 떠나는 여행

좁쌀, 좁쌀 하지 말라

왕의 곁에서 늘 아부를 하며 권력을 유지하던 신하가 어느 날 오랜 친구의 집을 찾아갔습니다.

　집안은 당장이라도 쓰러질 듯 누추했고 도저히 사람 사는 집 같아 보이질 않았습니다. 방에도 세간살이가 제대로 갖추어 있질 않아 더욱 을씨년스러웠습니다.

　마침 부엌으로 들어가 보니 친구가 허릴 굽힌 채 바닥에 떨어진 무언가를 급히 주워 들고선 입안에 넣는 것이었습니다. 작은 좁쌀이었습니다.

신하는 크게 소리쳤습니다.

"여보게, 이게 무언가. 아무리 그래도 그렇지. 난 자네가 그렇게 좁쌀을 주워가며 사는 줄은 몰랐네. 에헴……."

"그런가?"

좁쌀을 입에 문 친구는 조금도 당황한 기색이 없었습니다.

"나처럼 조금 허릴 숙이면 매일 흰 쌀밥을 먹을 수 있는데 이게 무슨 고생인가?"

그러자 좁쌀을 입에 문 친구가 말했습니다.
"비록 좁쌀에게 허릴 굽히면서 살지언정 평생을 하고 싶지 않은 말 하면서 살고 싶지는 않네."

신하는 갑자기 얼굴이 붉어진 채 아무 말도 할 수가 없었습니다.

"여보게, 자네 흰 쌀밥 먹는다고 흰 똥이 나오는가? 내가 좁쌀을 먹지만 똥은 매일 큰 똥만 싸고 있지 않은가? 하하하……."

그렇지요. 두 친구의 대화에서 많은 것을 생각합니다. 비록 좁쌀을 먹지만 언제나 당당하고 자신감 있게 인생을 사는 친구와 매일 흰 쌀밥을 먹지만 왕의 곁에서 평생 아부하며 살아야 하는 친구가 대조적입니다.

어떤 환경에서 사느냐보다 어떤 마음으로 사느냐가 더욱 인생의 성공과 실패를 결정짓는 것이지요.

좁쌀이 작지만 그 좁쌀을 잘 소화시켜 좋은 생각과 행동을 하면 좁쌀은 최고의 양분이 됩니다. 하지만 아무리 값비싼 흰 쌀밥을 먹어도 평생 자신의 소신 없이 왕의 눈치만 살피고 산다면 흰쌀은 좁쌀보다 못한 것이 될 것입니다.

무엇을 가지고 있느냐보다 어떤 마음으로 사느냐가 더욱 중요한 일이겠지요.

좁쌀을 먹는다고
좁쌀 같은 사람은 아니다.
좁쌀을 줍는다고
좁쌀같이 살지는 않는다.

흰쌀밥을 먹으면서
턱없이 욕심내고
무작정 화를 낸다면
그는 어리석다.

비록 좁쌀이라도
소화를 시키면
무엇을 부러워할 것인가?

좁쌀 먹은 힘으로
태산도 옮길 수 있으니
무엇을 걱정할 것인가?

찹쌀 먹은 사람이 귀한 것이 아니라
찹쌀 같은 생각을 하는 사람이 귀한 것이다.
좁쌀, 좁쌀 하지 말라.
좁쌀만큼이라도 둥글게 살고 있는가?

100세 노인이 가르쳐 준 것

올해 100세가 된 노인에게 기자가 질문을 하였습니다.
"정말 대단하십니다. 이렇게 장수를 하셨으니 특별한 비법이 있을 것 같습니다. 그 비법을 말씀해 주십시오."

그러자 노인은 난감한 표정으로 말했습니다.
"아무리 생각해도 나는 내가 이렇게 오래 살 줄 몰랐습니다. 특별한 방법도 없이 그냥 살아왔습니다."

"그래도 할아버지만의 독특한 방법이 있을 것 같은데요?"
기자가 다시 되물었습니다.
노인이 생각에 잠긴 채 눈을 감았습니다.
"글쎄……. 아무리 생각해도 답이 떠오르질 않네요. 그냥 무덤덤하게 산 것 말고는……."

특별한 대답을 기대했던 기자는 실망한 표정으로 다시 질문을 던졌습니다.

"그렇다면 할아버지께서는 이제부터 100세 이후의 삶을 사시는 것인데 앞으로 남은 삶 가운데 가장 바라는 소망이 있다면 무엇이 있겠습니까?"

기자는 무척 기대감으로 가득 찬 얼굴이었습니다. 그러자, 또 노인은 난감한 표정을 지으며 가까스로 대답을 했습니다.

"글쎄요. 지금 내가 가장 바라는 건……. 내일도 오늘처럼 잘 보이고 잘 들리고 잘 느낄 수 있기를 바래요. 그리고 계속 걸을 수 있고 잠도 잘 오기를 바래요."

기자는 너무 실망한 표정으로 다시 질문을 하였습니다.

"할아버지, 그런 것 말고요. 뭐 좀 특별한 것 없으세요? 100세 기념 책을 쓰시겠다든지, 아니면 높은 산을 오르시겠다든지……."

"아닙니다. 책은 이미 읽은 책으로 족하고 웬만한 산은 이미 다 올랐는걸요? 그리고……."

"네? 그리고……."

기자가 다시 잔뜩 기대된 표정을 지었습니다.

"내일 아침, 오늘 기억하는 것만큼만 기억이 되었으면 정말 좋겠어요. 내게 남은 것은 시간이 아니라 기억이니까요."

기자는 말없이 고개를 끄덕였고 감동을 받은 표정으로 할아버지의 넓은 가슴 속에 안겼습니다.

"할아버지가 어떻게 오래 사셨는지 이제 이해가 될 것 같아요. 저도 그렇게 살면 좋겠어요. 아무 욕심 없이 아무런 바람 없이, 매일 매일 단순하게……."

참 감동적인 노인의 말씀입니다.

100세가 되신 노인 분께서 바라는 것들이 너무나 소박하여 절로 고개가 숙여집니다.

오늘처럼 보고 듣고 느껴지고 걸을 수 있고 잠잘 수 있기를, 또한 내일도 오늘과 같은 기억으로 살아갈 수 있기를, 남은 것은 시간이 아니라 기억이라는 말이 너무나 의미심장하게 들려옵니다.

우리가 앞으로 100세까지 살지는 아무도 모르지만 이런 심정을 간접 체험할 수 있으니 오늘의 삶을 돌이켜 보게 됩니다.

우린 지금 너무나 많은 것을 바라고 이루고 있기에 진정 소중한 것들을 당연하게 여기고 사는 건 아닌가요?

100세를 살면 알게 되지.

보고 듣고 맛보고
느끼는 모든 것,
기억하고 알고
생각하는 모든 것까지
축복이란 걸…….

100세를 살면 알게 되지.

아주 사소하고 작은 일상들,
걷고 숨 쉬고 잠자는 것까지
모든 것이 그저 기적이라는 걸…….

잘 걷지 못하고 숨쉬기도 불편하고
잠자는 것도 힘들다면
무엇이 행복일까?

오늘까지는 기억해도
내일 기억이 나지 않는다면
나는 그렇게 죽는 거지.

죽는 건 하나도 두렵지 않아.
다만,
아무 기억 없이 떠나기가 싫은 거지.

100세를 살면 알게 되지.

지금 남은 기억이 얼마나 감사한지,

아직도 난 당신을 사랑하니까,
소중한 이름과
당신 눈빛이 내 가슴을 비추고 있으니까…….

스승과 제자가 함께 길을 걸어가고 있었습니다. 눈부신 햇살이 한참 동안 빛나더니 갑자기 먹구름이 몰려와 두 사람 앞으로 굵은 빗줄기가 쏟아졌습니다.

스승과 제자는 피할 수도 없이 내리는 비를 꼼짝없이 맞

아야 했습니다.

　잠시 후, 지나가는 빗줄기였는지 빗방울이 점점 가늘어지면서 마침내 뚝 그쳤습니다.

　그러자 기다렸다는 듯 제자가 불평을 하기 시작했습니다.

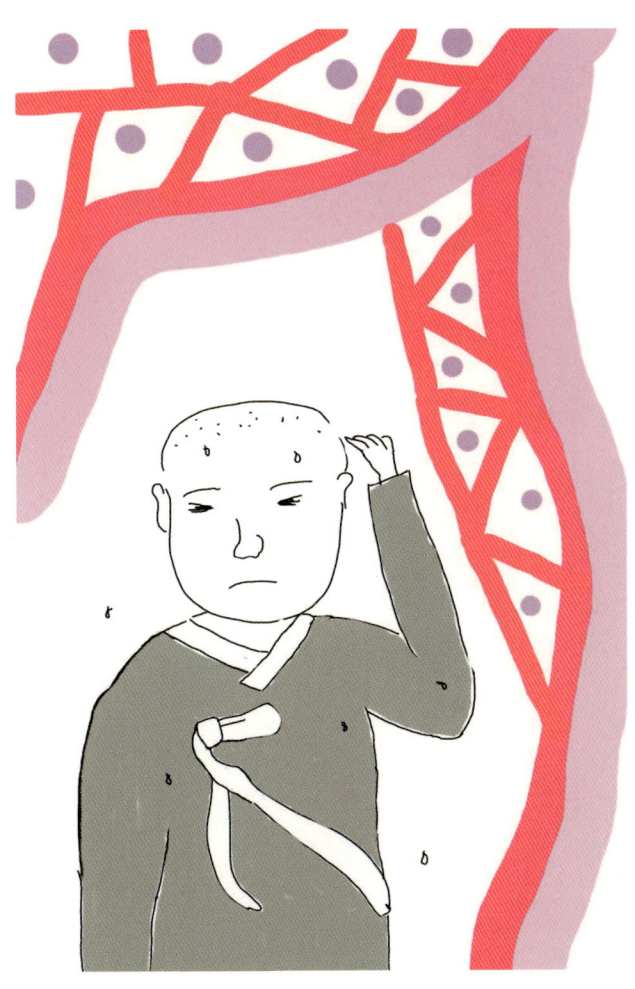

"오늘 아침 새로 옷을 갈아입었는데 도대체 이게 어떤 봉변인지 모르겠습니다. 무슨 비가 도깨비처럼 불쑥 나타나가지곤 이리 진탕 쏟아 부은 건지……."

스승은 아무 말 없이 옷에 배어 있는 빗물을 툭툭 털어내고 있었습니다.

"스승님, 안 그렇습니까? 제가 어제 이 옷을 새로 빨아서

비에 젖지 않는 법　191

밤새 다렸거든요. 그런데…….”

"그만 가자."

"정말 억울하지 않습니까? 스승님은 하나도 화가 나지 않으십니까? 온 몸에 비를 맞으셨으니…….”

그때였습니다. 스승이 단호하게 말했습니다.

"나는 한 방울도 안 맞았다."

"무슨 말씀을……. 지금 옷에 철철 흐르고 있는 빗물이 도대체 무엇이란 말입니까?”

그러자 스승이 빙그레 미소 지으며 말했습니다.

"내 옷이 젖었지, 내가 젖었나?"

"…….”

"마음이 움직이면 천하가 움직이고 마음이 쉬면 우주법계가 무사하니라. 고작 빗물 한 방울 때문에 흔들리는 마음이라면 무엇 하러 이 먼 길을 시작했는고…….”

스승은 따듯한 미소로 제자를 바라보았고, 제자는 감동한 표정으로 스승께 감사의 인사를 올렸습니다.

그렇지요. 똑같은 장소에서 똑같은 비를 맞고선 제자는 불평불만을 한없이 쏟아냈지만 스승은 아무 말 없이 모든 상황을 받아들입니다.

비에 젖지 않는 법

제자는 끊임없이 빗방울과 싸우고 있었지만 스승에겐 아무런 대상이 없었던 것이지요. 그렇기에 스승은 정작 한 방울의 비도 맞지 않았던 겁니다.

마음을 지키고 안정되어 있는 사람은 어떠한 상황에서도 흔들릴 수가 없지요. 하지만 흔들리는 마음을 가진 사람은 작은 충격에도 끊임없이 놀라게 됩니다.

문제는 이 마음이지 결코 자극이 아닌 것이지요.

바람 없는 공중에
낙엽이 진다.
하나 둘, 하나 둘…….

끊임없이 낙엽이 진다.

갈대 잎처럼
바스락거리는 가슴은
이 밤도 잠 못 이룬다.

온 우주가 가을 꿈을 꾼다.

나는 그걸 알아

어느 날 의심이 많은 제자가 스승을 찾아와 질문을 하였습니다.
"스승님, 이 우주는 얼마나 큽니까?"

"크기도 하고 작기도 하지."

난데없는 제자의 질문에 스승은 침착하게 대답을 했습니다. 제자는 아리송한 표정으로 다시 물었습니다.

"그럼 이 우주는 얼마나 오래 됐습니까?"
"오래 되기도 하고 얼마 안 됐기도 하지."
제자의 표정이 당혹스럽게 바뀌어졌습니다.

문제를 풀려다가 더욱 문제를 만드는 격이 되었습니다. 제자가 큰 소리로 물었습니다.

"이 우주는 앞으로 얼마나 존재하겠습니까?"

"한 없이 존재할 수도 있고 당장 없어질 수도 있지."

스승은 너무나 태연한 얼굴로 빙그레 미소 지었습니다.
그러자 어이없는 표정으로 제자가 스승에게 외쳤습니다.
"그럼 도대체 우주의 실체는 무엇입니까?"

바로 그때였습니다. 스승은 지금까지 한 번도 지어보지 않았던 근엄한 표정으로 소리쳤습니다.
"그럼 도대체 너의 실체는 무엇이냐?"
벽력같은 고함소리가 온 산에 쩌렁 쩌렁 울려 퍼졌습니다.

"억!"

순간, 제자는 아무런 말을 할 수 없었습니다. 한 생각도 떠오르지 않았습니다.

온 몸의 신경이 마비된 듯, 모든 감관이 사라지면서 알 수 없는 빛의 근원 속으로 들어갔습니다.

모든 사물과 세상이 정지된 채 순수의식 그 자체만 남았습니다.
아주 잠깐 동안이었지만 스승의 고함소리에 귀가 멀고 온 몸의 감각이 사라지더니 제자는 마침내 자신의 본성을 깨달을 수 있었습니다. 도를 이룬 것이었습니다.

"우주는 너의 크기만큼 존재하고 너의 수명만큼 존재하며 한 생각 속에 존재하는 허망한 꽃이니라."

스승은 남아 있는 꿈속에서 제자를 깨어냈습니다. 너무나 평온한 얼굴로 제자를 바라보았습니다.

"스승님……."

"……."

"이제 저는 어떻게 살아야 하겠습니까? 아무 것도 보이지 않습니다. 아무 것도 들리지 않고 아무 것도 생각나지 않습니다."

"보는 자가 있으면 보이는 것이 있고, 보이는 것이 있다면 보는 자가 있는 것, 봤다는 생각도 하지 말고, 보지도 보이지도 말며, 일체 처에 무심하라."

"그러면 되겠습니까?"

"그런 후에 꽃이 피거든 꽃을 보고 새가 울거든 가만히 귀 기울여라. 모든 것은 너의 꿈속이니 스스로 시비하지 말라."

이 우주마저도 나의 한 생각 속에 존재하는 허망한 꽃이라니…….
 어느 특별한 실체가 있는 것이 아니라 우주는 바라보는 사람의 생각에 의해서 결정 된다는 사실,

 우주의 기원, 우주의 사라짐, 우주의 실체를 알고 있다 해도 나의 실체를 모른다면 그저 희유한 지식일 뿐이니…….

 밖으로만 달려가는 이 불완전한 의식에게 스승은 내면을 돌이키라는 가르침을 줍니다.
 스승은 자신의 온 몸과 마음을 다해 제자의 어리석음을 일깨워 줍니다.

 "그럼 도대체 우주의 실체는 무엇입니까?"

 "그럼 도대체 너의 실체는 무엇이냐?"

너의 우주와
나의 우주는 달라.

너는 우주 가운데서
가슴을 느끼지만
나는 가슴 속에서
우주를 느껴.
너는
우주의 생멸을 생각하지만

나는
우주의 생명을 느껴.

우주는 나의 호흡이고
우주는 나의 눈빛이고
우주는 나의 심장이지.

내 심장이 뛸 때면
우주의 심장도 함께 뛰고 있지.

내가 웃고 있으면
온 우주도 함께 웃고…….

나는 그걸 알아.
내가 왜 이 지구별에 존재하는지.

살아 있기 위해서가 아니라
가슴으로 깨닫기 위해서지.

너와 내가 둘이 아니란 걸…….

"우주는
너의 크기만큼 존재하고
너의 수명만큼 존재하며
한 생각 속에 존재하는
허망한 꽃이니라."

길을 가는 이는
모두 도인이다.

아기 고슴도치의 깨달음

2012년 12월 27일 초판 1쇄 인쇄
2012년 12월 31일 초판 1쇄 발행

글·그림 형지 김재윤
펴낸이 이규만
펴낸곳 참글세상
책임편집 사기순
북디자인 ㈜척척코리아

등록일자 2009년 3월 11일
등록번호 제 300-2009-24호
주소 서울시 종로구 인사동 7길 12 백상빌딩 1305호
전화 02-730-2500 **팩스** 02-723-5961
e-mail kyoon1003@hanmail.net

ⓒ 형지 김재윤
ISBN 978-89-94781-10-5 03220

* 잘못된 책은 바꾸어 드리며 책값은 뒤표지에 있습니다.
* 저작자와 출판사의 허락 없이 책 내용을 인용하거나 복제하는 것을 금합니다.
* 이 책의 수익금 1%는 유니세프를 통해 나눔의 기금으로 쓰입니다.